रिश्तों की पगडंडियाँ

वाणी प्रकाशन
21-ए, दरियागंज, नई दिल्ली-110002
फोन : 23273167, 23275710
e-mail : vani_prakashan@yahoo.com
vani_prakashan@mantraonline.com

रिश्तों की पगडंडियाँ

रेखा मैत्र

ISBN : 978-81-8143-187-5

वाणी प्रकाशन
21-ए, दरियागंज, नयी दिल्ली-110002
द्वारा प्रकाशित

संस्करण : 2007 मूल्य : 150.00

ललित ऑफसेट, दिल्ली-110032
द्वारा मुद्रित

RISHTON KI PAGDANDIYAN
Poems by Rekha Maitra

चाची के लिए

निवेदन

मेरी कविता का सफ़र अभी ख़त्म नहीं हुआ है। घटनाएँ, दृश्य, हादसे यानि जो कुछ सामने से गुज़रता रहता है, उसे लिखने की कोशिश रहती हैं। अरुण महेश्वरी जी का आदेश हुआ कि मैं अपनी रचना प्रक्रिया पर कुछ लिखूँ। सीधे-सपाट शब्दों में कविता के जरिए अपनी बात कहना ही मक़सद है। बात पूरी की पूरी पाठकों तक पहुँचे, इसी से लच्छेदार शब्दों की कुहेलिका में उसके अर्थ न खो जाएँ– यही प्रयास रहता है।

मेरे आस-पास सुन्दर-सा परिवेश है। वहाँ मेरे मित्र-बन्धु मेरी कविताओं के सम्बन्ध में कभी अपने बहुमूल्य सुझाव भी देते है जिसकी मैं बड़ी कृतज्ञ, हूँ। दोस्तों का कहना है कि मेरी कविताओं का मूल स्वर मानवीय सम्बन्ध होने के बावजूद मैंने इससे बावस्ता शीर्षक अपनी किसी किताब को अब तक नहीं दिया। यहाँ तक कि प्रस्तुत किताब ''रिश्तों की पगडंडियाँ'' नाम मेरी मित्र सुजाता शर्मा का दिया हुआ है। मैंने ये नाम रखकर सिर्फ स्वीकृति की मोहर लगाई है।

मैं श्री अरुण महेश्वरी जी की बड़ी कृतज्ञ हूँ जो उन्होंने इतने कम समय में न केवल मेरी कविताओं को किताब का सुन्दर रूप दिया बल्कि बहुमूल्य सुझाव भी दिए। प्रमिला भटनागर, सेठ परिवार और घर के सभी सदस्य कल्याण, शमीक और प्रतीक की भी ऋणि हूँ जिनके सहयोग से इस पुस्तक का जन्म सम्भव हो सका। विशेष तौर पर मैं कृतज्ञ हूँ पद्म भूषण गुलज़ार जी की, जिन्होंने अपने नितांत व्यस्तता के क्षणों में से समय निकाल कर 'रिश्तों की पगडंडियाँ' पढ़ीं और उस पर पेश-लफ़्ज़ लिख कर मुझे सम्मानित किया।

–रेखा मैत्र

पेश-लफ़्ज़

खोना किसी भी चीज़ का हो, बड़े नुकसान की बात है। लेकिन कभी यूं भी होता है कि खोया हुआ कंचा जब पाया, तो उस गुत्थी से और बहुत-से कंचे निकल आएं। ऐसा ही कुछ रेखा जी की कविताओं के साथ हुआ...चंद कविताएं मिली थीं कि मैं एक पेश-लफ़्ज़ लिख दूं। वो कविताएं मुझसे खो गईं और कुछ लिखा था, वो भी गुम हो गया। इस बीच अमरीका गया। तो न्यूयॉर्क में रेखा जी से मुलाकात हो गई। उनकी कविताएं उनकी ज़बान से सुनकर और ही मज़ा आया। मेरे लिए उन कविताओं की क़द्र बढ़ गई। कविताएं अच्छी थीं ही। लेकिन उनमें रेखा जी का लहज़ा, आवाज़ और अंदाज़ भी शामिल हो गया। अब इन कविताओं को पढ़नेवाले उनकी आवाज़ तो न सुन सकेंगे। लेकिन उनके लहजे का अंदाज़ा वो उनके अलफ़ाज़ के चुनाव और बहर (मीटर) के बहाव से कर सकते हैं। वो

बयक-वक़्त सरल भी हैं और मुश्किल भी। सरल इसलिए हैं कि उनकी उपमाएं रोज़मर्रा की ज़िंदगी से उठाई हुई हैं और मुश्किल इसलिए कि रोज़मर्रा की मामूली सी बात के पीछे वो कोई न कोई जिंदगी का बड़ा असरार (रहस्य) खोल देती हैं :

''पहले उसे जब देखा था,
चाबी वाली गुड़िया-सी लगी थी
लोगों ने हंसाया वो हंस दी
लोगों ने रुलाया वो रो दी
वर्षों मेरी उससे मुलाकात नहीं हुई
सुनने में आया
वो बिगड़ गई है
उसे सुधारना ज़रूरी है
मैंने देखा—और कुछ नहीं हुआ था
खाली उसने चाबी से चलना
बंद कर दिया था
अपनी मर्ज़ी से चलना
शुरू कर दिया था
भीतर का भय
रिस गया था!

एक और सतह भी है इनकी कविताओं में, जो कभी-कभी यूं खुलती है, जैसे कोई ज्ञान का कटोरा लुढ़क गया हो

''कुंतल!
तुम तो सारे के सारे कौन्तेय से निकले
पांडु पुत्र-सी सांवली-सी सूरत
वैसी ही, अर्जुन-सी लक्ष्य वेध सीरत
जाओ, ज़िंदगी को द्रौपदी-सा वरण करो
कुंती सा मेरा ये
आशीर्वाद ग्रहण करो!

10 नवंबर, 2003

—गुलज़ार

अनुक्रम

बादलों के टुकड़े 13
पगडंडियाँ 14
अहसास पत्थरो में... 15
कॉलिम पौंग युवती 16
तिस्ता नदी 17
सम्मोहन 18
चटाई के घर 19
रिश्तों की टूट-फूट 20
पता 21
पैरिस 22
मोनालिसा 24
सुर साधक 25
जुड़वाँ बच्चे के सवाल 26
रेशे 28
कूड़ा 29
अंकुर 30
सीपी 31
मेरा देश 32
वतन 33
दैनिन्दिनी 34
पियुनी के फूल 35
गाथा सड़क की...! 36
निश्चिंतता 37
सन्दूक 38
माँ 39
शमीक के लिए...! 40
एक खूबसूरत ख़्याल 41
अमर के लिए... 42
आशा दीप 43
तस्वीर 44
ऋतु के लिए... 45
अचिंत के नामः 46
महक मोगरे की...! 47
तितली 48
चट्टू कक्का के नामः 49
खुशीः दुःख 51
तुषारापात 52
सुगन्ध तुम्हारी... 53
सात समुन्दर पार... 54
बहुरंगी समय 55
'बहुरूपी' 57
अनाहूत 58
छुट्टी का दिन 59
एक सुनहरी भोर 60
वसन्तोत्सव 61
उन्मुक्त छन्द 62

अनावरण 63
नाता 65
अनश्चिय 66
आवाज़ 67
अनिशा के लिए... 68
न्यू हेम्शायर की एक भोर 69
आदतें 70
न्यू हेम्शायर की एक रात 71
रखरखाव 72
प्रभु के नाम! 73
कटे-फटे रिश्ते 74
छिपा हुआ सोता 75
झीलों के शहर मिनेसोटा से लौटते हुए... 76
नॉरमन डेल झील के शहर में... 77
जन्म कविता का... 79
साधारण से असाधारण 80
गंगा और मिसिसिपी 81
काल की सीमा रेखा 82
कोई और तुम 83
चुनाव 84
उजाले 85
इक्कीसवीं सदी का युद्ध 86
रिश्तों की पंगडंडियाँ 87
चाबी वाली गुड़िया 88
अनुभव 89
'फुलझड़ी' 90
जन्म 91
आहत पल 92

बादलों के टुकड़े

उड़ते हुए विमान से नीचे देखा
बादलों के सफेद-सफेद टुकड़े
आसमान की साँवली नदी में
तैरती से लगे!
ये मेघ-शिशु विविध आकार लिए
कहीं सफ़ेद कमलिनी से
तो कहीं उजले हंसों से
कभी तैरते बजरों से
तो कभी बगुलों की कतारों से
कहीं मैं उनके साथ तिरती
कभी वो मेरे साथ
निस्सीम यात्रा पर निकल पड़ते!
कभी मैं इसी आसमान को बड़ी-सी स्लेट बनाती
फिर बादलों की खड़िया से
सारी स्लेट पर तुम्हारा ही नाम लिखती
यानि कहती-बताती
अपने लिए तुम्हारी अहमियत

(पैरिस में लौटते समय विमान में लिखी कविता)

पगडंडियाँ

तुमसे मिला प्यार
मैंने परिश्रम से नहीं पाया
जीवन की सकरी
पगडंडियों पर मेरे ही लिए
फूल सा खिला मुझे मिला!
हैरत नहीं है कि मैं
विस्मित भी हूँ, खुश भी
कृतज्ञ हूँ तुम्हारी
जो तुम मेरे लिए
यूँ खिल उठे!
इस प्राप्ति में
एक भरा-भरा सा सुख है
और कण-कण तुम्हें
जी लेने की लालसा...!

अहसास पत्थरो में...

सम्बन्ध हो तो लता-गुल्म से
अपने आधार को जकड़े
यदि कभी टूटे, यदि कहीं छूटें
अपने स्मारक छोड़ते चलें
पीछे अपनी अनुगूँज फैलाते
पत्थरों की दीवारों पर निशान धरते
मानो उन्हें कहते-बताते कि–
हम पत्थरों पर अहसास उगा सकते हैं!

(कॉलिंम पौंग प्रवास के दौरान लिखी कविता)

कॉलिम पौंग युवती

धुन्ध की झीनी सफेद
    जार्जेटी साड़ी में लिपटी
कालिमपौंग युवती
    अपने उन्नत शिखर पर
इतराती, बलखाती कौन जाने कहाँ चली?
    कभी बादलों में छिपती
कभी नील मणि सी चमक जाती
    उसमें बसी बस्तियाँ चाँद-तारों सी
        जगमगा उठतीं!
अचानक धूप खिली
    और उसकी साड़ी में ज़री-गोटे सज गए।
        अब वह दुलहन सी खिल उठी!

(कॉलिमपौंग प्रवास के दौरान लिखी कविता)

तिस्ता नदी

तिस्ता नदी का
विस्तृत पहाड़ी वक्ष
उस पर धुन्ध का
फैला रुपहला आँचल
इठलाती, बल खाती
उछलती, कूदती
कुलाँचे भरती
अपनी अनादि काल की
बिछुड़ी सखी गंगा-महानंदासे
मिलने को विकल
अपनी अमृत जल के प्रति
पूर्ण विश्वस्त
अविराम चली!

(कॉलिमपौंग प्रवास के दौरान लिखी कविता)

सम्मोहन

ये कैसा सम्मोहन है
अपने नाम को जीवित रखने का
कभी मन्दिर की दीवारों पर
कभी मस्जिद की मीनारों पर
या चौराहों पर बुतों की सूरत में
तो कभी कालिंगपॉग के तिब्बती
काठ के खम्भों पर
लिख जाते हैं कहानी अपने जीवन की
यानि छोड़ जाते हैं चिह्न
अपनी सार्थकता के...
यूँ भी चिरंजीवी नहीं होती सार्थकता
इतिहास के पन्नों तक जाते-जाते
खोई है कई बार, कई कारणों से
फिर भी ये चिरंतन, निरर्थक प्रयास...!

(कॉलिमपौंग प्रवास के दौरान लिखी कविता)

चटाई के घर

चटाई से बने
इन मकानों में
कला की बारीकी
जिन्हें दीखती है दीखे
मुझे तो दीवारों से
झरती हुई असुरक्षा
उधड़े पलस्तर-सी
दीख पड़ती है!
हवा का हल्का-सा झोंका भी
भूकम्प का अहसास दिलाता
थोड़ी सी बारिश अक्सर
घर के भीतर ही बाढ़ की सृष्टि करती!
सिर छुपाने की जगह का
झूठा अहसास देते
ये चटाई से बने घर
बस, एक तसल्ली हैं
कहीं से घर की!

(कॉलिमपौंग प्रवास के दौरान लिखी कविता)

रिश्तों की टूट-फूट

सम्बन्धों का स्थायित्व
    कभी दूर तक जाता है
हमेशा साथ रहने का
    भ्रम भी बनाता है।
आदमी तब उसकी ज़रूरी
    शर्त तक भूल जाता है।
फिर अचानक रिश्ते का
    पाँव लड़खड़ाता है।
तब कहीं अगले का
    ख़याल जाग पाता है।
साथी की देख-रेख
    कहीं छूट गई थी।
पर, अब चेतने से
    क्या बनना है?
अब तो रिश्तों को
    टूटा ही चलना है!

पता

हम जो आए हैं यहाँ
        हमको ज़रूर जाना है
ये ही दस्तूर है दुनिया का
        सभी को निभाना है
तब भी एक ख़याल
        मेरे ज़हन में घुमड़ता है
कहीं मैं चुपके से
        इन खलाओं में
तुम्हारे लिए अपना
        पता छोड़ जाऊँ
और तुम उसी ठिकाने को
        खोजते-तलाशते
मुझ तक आ पहुँचो!

पैरिस

ये पैरिस की धरती
ये पैरिस की धरती
रात सोए नहीं, सुबह जागे नहीं!
ये पैरिस की धरती...
इसके गली-कूचे
रात-रात बतियाते
इसी से जब अलस्सुबह
नासमझ पर्यटक खटखटाते
ये कुछ यूँ दाखिल करती
अपने इस शहर में
जैसे उनीन्दी पत्नी
पति के लिए
दरवाज़ा खोलकर
दोबारा सो जाए
ये पैरिस की धरती...
हाँ, एक बात का ये
खूब ख़याल रखती है
खाने-पीने की दुकानें
अपने ग्राहकों के लिए
हमेशा खुली रखती है
ये पैरिस की धरती...
हर रात जब ये
सज-धज कर निकलती है।

सबका ध्यान अपनी ओर
बरबस ही खींचती है
मुझे तो ये घरेलू कम
नगर वधू की ज़्यादा दीखती है!

(पैरिस प्रवास के दौरान लिखी कविता)

मोनालिसा

ल्यूब म्यूज़ियम में
जब एक बार तुम्हें
और पास से देखा
लगा, क्यों तुम्हारी मुस्कान की बात
हर ओर सुनाई पड़ती है?
तुम्हारे जनक ने भी
तुम्हारी हँसी की ही चर्चा की
क्या पता क्यों मुझे
तुम्हारी आँखों में सदा
एक अजब सी तलाश दीखती है!
कमरे के एक छोर से दूसरे तक
तुम्हारी नज़रें मेरा पीछा करती रहीं
एक अलग सी भटकन
एक खास सी तलाश लिए
मोनालिसा की कुछ खोजती सी
आँखे...!

(पैरिस प्रवास के दौरान लिखी कविता)

सुर साधक

जगजीत!
तुम्हारे नाम के जनक
कहाँ जानते थे कि तुम
नाम की सार्थकता
सिद्ध करोगे!
सुरों को साधने में
तुमने जग जीता है।
हँसने-रोने को वे
मोहताज हैं तुम्हारे सामने!
शब्द पाँवों में पाजेब पहन कर
कैसे छम-छम नाचेंगे
विरहिणी नायिका-से कैसे
अश्रुपूर्ण हो उठेंगे
उजले फूलों-सी हँसी
कब अपने में समेट लाएँगे
सुर कैसे मादक महक से महकेंगे?
तुम्हें खूब पता है।
तुम्हारे सुरों ने
मेरी आत्मा के आकाश में
सफेद बादलों-सा
सूफी जाल फैलाया
ये मन उजला
हो आया!

(लोकप्रिय ग़ज़ल गायक श्री जगजीत सिंह को समर्पित)

जुड़वाँ बच्चे के सवाल

तुमने तो हमें
एक ही बीज से जना था न?
फिर ऐसा कैसे हुआ?
उसे तो खाने से सोने तक
तुम्हारी ममता की छाँव
नसीब होती रही
और...
मैं पूजा घर के कोने की
धूपबत्ती सा सुलगता रहा!
अभी तो मेरी खेलने-खाने की उम्र है
बड़ी-बड़ी समस्याओं से जूझना
मेरे बचपन के लिए ज़ुल्म है
इन नन्हें हाथों को फिर भी
खेल में नहीं सहोदर की देख में लगाता हूँ।
अचानक कल जब
तुम्हारी नज़रों से
मेरा बनाया फूल
अनदेखा गुज़रा
तब मुझे लगा—
तुम्हें कहूँ, फूल को भूलकर
तुम मेरे अस्तित्व को
तो नहीं भूल रहीं!

मेरी सुगन्ध तो
तुम्हारे आस-पास फैली है
चाहता हूँ
मेरी तिल-तिल जलने का
अहसास भी फैला रहे!

(एक ऐसे जुड़वाँ बच्चे की व्यथा जिसकी जुड़वाँ बहन अपंग थी और माँ का अधिकांश समय विकलांक बच्ची के साथ ही बीतता था।)

रेशो

किसी भी व्यक्तित्व की
बखिया गर उधेड़ो
ढेर सारे रेशे हाथ लगते हैं
कुछ अच्छे, कुछ बुरे
शायद इसी बेमेल
बुनाई का नाम इन्सान है!
तुम्हें भी मैंने भीतर तक
कुरेद डाला
दोस्ती का तार ही
ज्यादा मिला
देखो तो सबसे
ख़तरनाक है ये रिश्ता
पर, मुझको है
सबसे प्यारा!
दोनों ही पक्षों को
छूटने की समान छूट
इसीसे कच्चे धागों से
बंधा ये रिश्ता मैंने
तुम्हारे लिए चुना है!

कूड़ा

घूरे का ढेर जब
उसने बताया तुम्हें
तुमने क्या कूड़े की
सम्भावना पर सोचा था?
कितने ही जीवन को
कूड़ा जनमता है।
आम की गुठली
बीज ही रह जाती
अगर उसे कहीं
घूरा न मिलता
उसकी नन्हीं कोंपलें
मोहताज हैं कूड़े के ढेर की
सींचो तुम मन के गुलाबों को
कूड़े की खाद से
फिर सुगन्ध बन बरसों जन मानस पर!

अंकुर

बीज तो मैंने
एक ही दिन बोए थे
पानी-खाद सबको
साथ-साथ दिया था
पता नहीं क्यों
कुछ अंकुर बाहर आए
कुछ भीतर ही पड़े रहे
आहिस्ता-आहिस्ता
उपेक्षित से होने लगे
हठात् एक खयाल ने
जगाया मुझे
किसने दिया हक़ मुझे
उनकी सम्भावनाएँ छीनने का?
तब से मैं नियमित
पानी सभी को देती रही
आज मेरी आशा
अंकुरित हुई है
एक बीज जैसे
नींद से जागा है
उसकी कोंपलें
नहाई-धोई सी आई हैं
जाने क्यों लगा है
मेरे ही श्रम ने
उसे जना है!

सीपी

अब जाकर जाना है—
मेरे मन की सीपी में
तुम्हारा प्यार मोती सा
भीतर कहीं कोने में बसता है!
उसी के प्रकाश से मेरे
तन-मन में उजाला सा झरता है!
तभी चाहे तट की तपिश हो
या रेत की रूक्षता हो
अथवा सागर की अन्धेरी शीतलता
अपने कवच में सुरक्षित-सा बचा है!

मेरा देश

कहना है मुझे कुछ
तुझसे, ऐ देश मेरे
तेरी ही माटी में
पनपा अस्तित्व मेरा!

तेरी सुनहरी सुबह
तेरी सुरमई शाम
अर्थ मेरे जीवन को
नए-नए दे गई!

अब, जब मैं इतनी दूर
तुझसे बिछड़ कर आई
तब मैंने तेरा मूल्य
सही-सही जाना है।

ऐ उदार माटी!
ऐ मेरी मातृभूमि
तुझको मेरा नमन!

वतन

किसको अपना मैं कहूँ
किसको पराया समझूँ
मुझको मालूम नहीं!
कैसी विडम्बना है ये
जहाँ मैं जन्मी नहीं
जहाँ मैं पनपी नहीं
जिन हवाओं की थपकियों ने
मुझे सुलाया नहीं
जिस देश की सिरचढ़ी गौरया ने
मुझे जगाया नहीं
वो देश मुझे छूटे वतन सा
क्यों याद आता है?
कौन सा चुम्बक है वहाँ
जो मुझे यूँ खींचता है
और मैं...
विवश सी खिंचती चली जाती हूँ!

दैनिन्दिनी

देखा है मैंने, तुमने
दैनिन्दिनीके पन्नों में
ज़रूरी-ज़रूरी तारीखें
अपनी सुविधा के लिए
दर्ज़ कर रखी हैं!
सोचा है बहुत बार
उन तिथियों का
मन की तिथियों से
मेल क्यों नहीं खाता?

पियुनी के फूल

पियुनी के ये झुके-झुके से
फूल अपने सौन्दर्य और सुगन्ध का
बोझा ढोते से
लाज से दोहरे होते से
दीख पड़ते हैं!
चाहे इन्हें तोड़ो, चाहे मरोड़ो
खूशबू के सिवा
कुछ दे ही नहीं सकते
कुछ वैसे ही मैं भी
प्यार के सिवा,
तुम्हें और कुछ दे ही नहीं पाती!

गाथा सड़क की...!

गाड़ियाँ ही गाड़ियाँ
उसके नीचे बिछी सड़क को
दम मारने की फुर्सत कहाँ?
सड़क ने सोचा–
अगर मुझे ज़मीन ही
बनना था, तो कम से कम
घास का हरा समुन्दर ही मुझे छाए होता
उसका ज्वार-भाटा मुझे
अपने स्पर्श से तो दुलारता
मेरा जिस्म दिन-रात के
रौंदने-कुचलने से बचा होता!

निश्चिंतता

तब मैंने जाना था
मेरा होना तुम्हारे लिए
नितान्त आवश्यक है
इसीलिए अब तक
अपने अस्तित्व को
बचाती चली आई मैं
अब कहीं जाकर वह
अहसास झरने-सा लगा
पुरानी दीवार के
उधड़ते पलस्तर सा
भीरत एक निश्चिंतता सी
भरने लगी है सीलन सी!

सन्दूक

जब भी देखा
तुम्हारे दरवाज़े पर
सन्दूक पड़ा ही देखा!
प्रति पल नई यात्रा के लिए प्रतिबद्ध सा
सैनिक-सा हरदम संकल्पबद्ध सा
खाली एक बात, समझ नहीं पाई
में संतरी-सा दरवाज़े पर तैनात क्यों?
इसे घर से निकलने की जल्दी है
या तुम्हें घर में प्रवेश की?

माँ

आपको देखा तो लगा
दुनिया के किसी कोने में बसता
माँ का चेहरा ठीक ऐसा ही होगा!
बाहर कम भीतर ज़्यादा देखती
धँसी हुई सी आँखें
अपने और अपने नाम के
बारे में जितनी भी अनिश्चित हों
बच्चे की सुरक्षा के लिए पूर्ण विश्वस्त
ममता में डूबी उन आँखों ने
पता नहीं किस पूर्वाभास से
जाना कि मैं उनके नन्हें पौत्र को
सुरक्षित जगह तक पहुँचा सकूँगी।
उनके इस विश्वास पर प्रणामबद्ध मेरी हथेलियाँ!

शमीक के लिए...!

बेटे!
तुम जो मुझसे छूटकर
        इतनी दूर चले आए
अपने अस्तित्व की सुगन्ध
        दूर तक फैलाते गए
ये सागर, ये पर्वत
लाँघती हुई तुम्हारी छुवन
तुम्हारी दूधिया महक
अब मेरे भीतर ही बसती है
तुम्हें पाने को हाथ नहीं बढ़ाती
भीतर ही तलाशती हूँ
तुम्हारा होना परछाँई-सा पाती हूँ
आज भी लगता है—
तुम मेरा पल्लू खींचते
कहानी की ज़िद करते
किताब लिए खडे हो!

(कैलिफोनिया में शमीक के पास जाते समय लिखी कविता)

एक खूबसूरत ख़्याल

आषाढ़ की तपती दोपहर!
      नई सुराही के पानी सा सोंधा
चन्द खुशनुमा ख़्यालों को झोंका
      जो आया
तब ख़्याल आया—
      कभी खूबसूरत ख़्याल
            फूलों से झरते थे
लम्बा वक़्त हुआ
      अब सारे ख़्याल गुम
कभी उगे भी तो
इतने उदास, इतने मुर्झाए हुए
उनकी तरफ़ देखने का
जी ही नहीं किया!

अमर के लिए...

मेरे लिए जीवन को
कुछ सुविधाजनक बनाने की
कोशिश जैसे तुम्हारी आदत थी
उसे लेते जाना जाने कैसे
मेरी आदत बनती चली गई
मैंने इसे दोस्ती के हक़ सा स्वीकारा
कल अचानक अपने जीवन साथी से
तुम्हें जो मिलवाया
अपनी एक अहम् खुशी में
तुम्हें जो शरीक करना चाहा
तुम्हारी आँखों में दर्द की नदी दीखी
जब जाकर जाना, दोस्ती और प्रेम के बीच की
महीन सी रेखा पढ़ने में
मेरी नज़र चूक गई थी
इस नाज़रंदाज़ी की
क्षमा प्रार्थी हूँ मैं!

आशा दीप

लहरों के छपाकों पर
तिरते हुए तुम आए
भँवरों में फँसी मेरी
कश्ती को बचा लाए
अब दूर क्षितिज पर भी
एक सूरज दीखा है
हमने तुमसे देखो
अब जीना सीखा है
इन झील सी आँखों में
अहसानों के कमल खिले हैं
इनकी पाँखुरियों में
कुछ अश्रुजल ठहरे हैं
अपनी अगवानी को
लो साहिल आया है
आशा के दीपों को
उसने यूँ सजाया है
अमानिशा पर दीवाली सजाई हो ज्यूँ!

तस्वीर

अजीब सा नज़ारा देखा
इन आँखों ने
एक ओर काव्य-पाठ
दूसरी ओर उसकी टीका-टिप्पणी
बीच में तुम!
लगा, दो पर्वतों के बीच
तुम्हारी विचार सरिता
निर्लिप्त-सी बहती रही-कहीं और!
सुनने में आया
तुम काव्य-पाठ का
मनन ही करती रहीं!
या, तो मुझे चेहरा
ठीक से पढ़ना नहीं आता
अथवा, तुम्हारे मन का सही विम्ब
तुम्हारी आँखों में नहीं उतरता
वर्ना, मेरे मन के कैमरे में
वैसी तस्वीर कैसे खिंचती?

ऋतु के लिए...

तुमने जो हम सबका
यूँ मान बढ़ाया है
तुम्हारे लिए एक प्रशास्ति-पत्र
लिखने का जी हो आया हो।
तुम्हें कोई अच्छा-सा
विशेषण देने के ख़याल से
शब्द कोश को तलाश
वहाँ ऋतुराज तो मिला
ऋतु रानी शब्द मिला नहीं
कुलदीपक तो लिखा देखा
कुलदीपिका कहीं दिखा नहीं
सो, मर्दों की दुनिया को
दूर से नमस्कार किया
तुम्हारे लिए अपनी पसन्द का
नाम मैंने गढ़ लिया!
'ऋतु-साम्राज्ञी' तुम्हारी सुगन्ध
दूर-दूर तक बिखर जाए
यही दुआएँ है, मेरी तुम्हारे लिए!

अचिंत के नामः

कभी-कभी मौत
घेराव भी करती है।
आदमी इसके चंगुल से
बच निकलने की
हर सम्भव कोशिश कर ले
वो सूद वसूलने वाले
पठान की तरह
जीवन की हर घुमावदार
गली पर रास्ता छेके
खड़ी मिलती है!
तुम इसके चक्रव्यूह से
निकल आओगे
तुम्हारी, जिजीविषा ने
मुझे बताया है!
तुम्हारा तो नाम ही अचिंत है
फिर तुम्हारे पास
चिन्ता की बिसात ही क्या है?

महक मोगरे की...!

आज की सुनहरी भोर में
हठात् घर के कोने से
उठा खुशबू का झोंका
मुझको भिगो गया!
खोजने पर पाया
ढेर सी पत्तियों के बीच
एक नन्हा-सा बेले का फूल
मुझे देख खिलखिला उठा!
जाने क्यों तब एक
ख़याल फूटा मन में मेरे
कहीं, कभी मेरी महक से
तुम भी मुझे तलाश लो!

तितली

अब मेरा भी तितली सा
दोबारा जन्म हुआ लगता है
अहसास के रंगबिरंगे
पंख उग आए हैं!
कविता ने इन्हें जना है
या फिर उन्हें जगाया है
पुराने दर्द और व्यथा
फूट कर बह निकले हैं।
एक सुकून सा मिला है
फोड़ के फूटने का सुकून
ये नए-नए, पंख
कहाँ से कहाँ उड़ाए लिए जाते हैं।
परों के टूटने-फूटने का डर
कपूर सा उड़ गया है
शायद ये टूट कर
जीने की आकांक्षा ही है
जो जीवन को तितली सा
बहुरंगी बना गई है!

चद्दू कक्का के नाम:

वैसे उस घर में
तुम चाकर ही थे
नौकर सी दीनता
मगर चेहरे पर नहीं थी।
ममता ही जगमगाती-सी लगी
उन काली चमकीली आँखों में।
तीन दशक बाद जब मिली तुम्हें
सोचा था भूल भाल गए होंगे
इस उम्र में तुम्हें कहाँ याद होगा
बुढ़ापे में तब्दील होता
मेरे बचपन का चेहरा।
"पहचाना मुझे", मैंने जब कहा
"चाची की मौड़ी[1] हो", तुम्हारा मुस्काता उत्तर था!
विस्मित-सी हुई मैं
फिर तुम्हें याद दिलाया
एक बार तुमने हमें
विषधर से कैसे बचाया था?
तुमसे पहले तुम्हारे
मालिक ने बताया मुझे
तुम स्वयं ही सर्प के पर्याय हो!
तब मुझे ख़याल आया
हाँ एक खूबी तो नाग की सुनी है
एक बार देखकर ताउम्र

चेहरा नहीं भूलता उसे
तुम्हारी उन चमकीली
आँखों ने देखते ही
चीन्हा मुझे!

(बुन्देलखड़ी बोली में बेटी को मौड़ी' कहते हैं!)
खुजराहो, नौ गाँव प्रवास के दौरान लिखी कविता

खुशी: दुःख

खुशी के नन्हें-मुन्ने
पंछी आए थे एक बार
उनके रंगबिरंगे पँखों को
जी भर निहारना था
इसी से उन्हें ज़िन्दगी के
पिन्जरे के बन्द करना चाहा था
पकड़ने का इरादा मेरा
जाने कैसे वो भाँप गए
और...
फुर्र से उड़ गए!
अब तमाशा ये है
दुःखों के पँछी
परकटे परिन्दों से
आ बैठे हैं।
उन्हें उड़ना
सिखाती रहती हूँ
ये अपनी जन्मजात प्रवृत्ति
बिलकुल ही भूल गए लगते हैं
मुझे इन्तज़ार है
इनकी उड़ान का...!

तुषारापात

चाहा तो था मैंने
फूल सी ताउम्र
खिली रहूँ
फिर पतझड़ में चुपचाप
झड़ जाऊँ, उम्र के दरख़्त से!
पर, ऐसा क्यों हुआ अक्सर
शबनम से ये आँसू
फूल की पाँखुरियों से
निथर कर बहते रहे चुपचाप!
कितना अच्छा होता
जैसे मौत सबको नसीब होती है
वैसे ज़िन्दगी भी सबको नसीब होती!

सुगन्ध तुम्हारी...

बहुत बार सोच
    देखा है मैंने
ऐसा क्या है
    जो महकता है मुझमें
जहाँ तक मुझे
    पता है अपने बारे में
अनगढ़ सी मूरत थी मैं
    पहले बनती तब न महकती
फिर ख़याल आया
    ये जो खुशबू मुझे मिली है
तुम्हारी ही सुगन्ध है
    कुछ वैसे ही
        जैसे मामूली-सी लकड़ी
चन्दन के सानिध्य से महके!

सात समुन्दर पार...

मैंने तो जाना था
सात समुन्दर पार
भारतीय संस्कृति के रेगिस्तान पर
आ बैठी हूँ मैं!
इस बन्जर ज़मीन में
संस्कृति कहाँ पनपेगी?
आहिस्ता-आहिस्ता
मेरा भ्रम टूटा
देखा मैंने बंग वासी
दूर दराज़ इस देश में
भाषा और संस्कृति को
प्राणान्वित कर रहे हैं
ये पचीस वर्षीया
बंग सुन्दरी तो
और अधिक निखरी है
इसकी आभा तो
दूर-दूर बिखरी है।
पूर्व और पश्चिम का
अनोखा का संगम है।

बहुरंगी समय

वक़्त की रंगीन तितलियाँ
        उड़ती रहीं, उड़ती रहीं
मैं उन्हें पकड़ने को
        भागती गई, भागती गई!
कभी-कभी, कहीं-कहीं
        वो रुकीं कुछ पलो को
किन्हीं-किन्हीं फूलों से
        जीने की खूराक़ जमा करने!
एक बार वो ठहरीं थी
        छिहत्तर के वसन्त पर
अपने पर फड़फड़ाती फिर
        जो उड़ी तो जाके थमीं
सात समुन्दर पार
        अस्सी की बरसात
एक नन्हें से चेहरे की आस-पास
        उसकी मासूमियत निहारती!
रफ़्तार तो देखो उनकी
        शीत के दुबके मौसम में
                बयासी तक जा पहुँचीं
क्रिसमसी एक बच्चे को
        'शाँटा' के जुराबों में लिपटा जो देखा
                उसके ही फूल समझ वो बैठीं!
अब जाकर ठहरी हैं

वो एक सदी के बाद
सोनपँखी रंग लिए
ढेरों फूलों की गन्ध लिए!
अपने पंखों के इशारों से
वो मुझको भी बुलाती हैं
देखो, अब जाकर वो
और कहाँ थमती हैं?

(विवाह की रजतजयन्ती के अवसर पर लिखी कविता)

'बहुरूपी'

कुचले हुए फूलों का गुलदस्ता
जब तुमने मुझे शुभकामनाओं के
प्रतीक-सा दिया!
एक बार उन्हें स्वीकार करते वक़्त
हाथ काँप उठा मेरा
पता नहीं कैसे तभी उसमें मुझे
तुम्हारी प्रकृति की झलक दीख पड़ी!
सुकोमल भावनाओं को मसल डालना
स्वभाव का एक अंग है तुम्हारा
उन्हीं फूलों में से एक
हँसता सा फूल चुन लिया मैंने
हठात् खयाल आया
कभी-कभी ऐसा मधुर
सुवासित रूप भी देखा है तुम्हारा!

अनाहूत

दर्द के बार-बार
दूर फेंक आती
दर्द बिल्लियों की तरह
हर बार मुझ तक लौट आते!
जमा हुई पीड़ा का बोझ
कान्धों पर उठा लिया हार कर
अब जब कन्धे दुखने लगे दर्द से
गीतों की सूरत में दर्द,
झरने लगे हरसिंगार से!
सारी तक़लीफें अब
फूलों सी बिखर गईं
उनकी खुशबू से
मैं भीग-भीग गई!

छुट्टी का दिन

आज का दिन
    तुम्हारा अपना है।
आज के दिन को
    अपनी तरह जियो!
चाहो तो घर के
    काम-काज के बारीक
        धागे में पिरो दो उसको!
चाहो तो बिस्तर पर
    पड़े नन्हीं-मुन्नी भोर को
        निहारते रहो देर तक!
चाहो तो जीवन के
    खोने-पाने के हिसाब में
        वक़्त खर्च करो!
या फिर छुट्टी की
    रंगीन कल्पना की
        एक कविता लिखो!
इन सबमें से
    एक को चुनने में
        देखा, दिन रीत गया!

एक सुनहरी भोर

कोई-कोई भोर
दूसरी सुबहों से अलग-सी
भूरी आँखों वाली
सुनहरे बालों वाली होती है!
जैसे ढेर सारी लड़कियों के बीच
अलग-थलग को खड़ी
एक ऐसी कोमल-सी लड़की
जिस पर निगाह ठहरे बिना रह न सके!
ऐसी भोर की शबनम
सूरज की ऊष्मा से सूखती नहीं
पत्तियों की सीपियों में बन्द हो जाती है
उसकी मोतिया आब मन के अन्धेरों में
प्रकाश-सी झरती रहती हे देर तक!
तब पेड़ों की डालें इशारों से
बुलाया करती होती है!
पंछी उस उजाले में
खिड़कियों पर आकर
पंचम सुर में गाने लगते हैं।
ऐसी ही एक सुनहरी भोर में
तुम मुझे मिले थे!

वसन्तोत्सव

ट्यूलिप की रंगबिरंगी
झँड़ियाँ सी टँगी हुई थीं।
औरेंज मोका की नशीली
जंगली खुशबू मुझे
परिचित बेले की
याद दिला गई।
लायलक की भरी-भरी
छरहरी, डालियाँ
वासन्ती हवा के इशारों पर
लोकनृत्य सी कर रही थीं!
दसों दिशाओं में इत्र का
छिड़काव करती
देवांगनाओं सी
जंगली मेंहदी की झाड़ियाँ
उत्सव को घेरे हुए थीं।
तभी शाम का बादल
गुलाल हाथ में छुपाए आया
साँझ के चपई गालों पर
झप से मलकर छिप गया।
इस उत्सव की भीड़ में
साँझ उसे ढूँढ़े भी तो कहाँ?
लगा उसने कहा
"बुरा न मानो, होली है!"

उन्मुक्त छन्द

गीतों की कड़ियाँ उलझी रहीं
आलिंगन बद्ध युगल सी
बीच में छन्द दुबका पड़ा रहा
अब जब वो मुक्त हुआ
तो पाया
दूर कहीं उपवन के कोने से
खुशबू का एक झोंका आया था
फूल कहीं पेड़ों की आड़ में छिपा रहा।
झरता आलोक तो दीखा था
उसका उद्गम् कहीं ढँढे मिला नहीं
तुम्हारा होना तो बहुत बार
मुझे रोमांचित कर गया था
पकड़ रखने की कोशिश में
तुम खुशबू से बिखर गए

एक बार तुम्हें प्यार की नन्हीं
डिबिया में बन्द करना चाहा था
तुम्हारी सुगन्ध उड़ने लगी धीरे-धीरे
इसी से उन्मुक्त छोड़ दिया!

अनावरण

परत-दर-परत
मैं खोलती गई
तुम्हारा दिया उपहार!
पहले जिज्ञासा ने
उसे देर तक उकेरा
फिर संशय जागा
ऐसा क्या है इसमें?
जो इतने सारे आवरण हैं।
तब भय जन्मा
मैंने और आगे
अनावरण का कार्यक्रम
स्थगित कर दिया।
आज भोर की
सुनहरी किरणों के
मीठे से आग्रह ने
विवश कर दिया मुझे
पुनः उसे खोलने को।
फिर आधा लिपटा
आधा खुला
डिब्बा मैं उठा लाई।
बिना रुके, बिना डरे
खोलती गई उसे।

भीतर से निकली
जीने की शक्ति
जागी तब मन में
तुम्हारे प्रति भक्ति!

नाता

शब्दों का अर्थों से
        जैसे है गहरा नाता
मैंने भी तुमसे मिलकर
        बुना कुछ ऐसा रिश्ता
एक साँस का दूसरी साँस तक जाना
जैसे है जीने की ज़रुरत
तुम तक मुसलसल सफर
मेरे अस्तित्व के लिए
        नितान्त आवश्यक!
अपनी ऊँचाई से
        कभी जब नीचे उतरो
मुझे तुम, ड्योढ़ी पर
        प्रतीक्षा रत पाओगे!

अनिश्चय

सूरज के आने-जाने का समय
दिन-रात का परिवर्तन
बहार से पतझड़ तक का क्रम
सारा कुछ पूर्व निर्धारित!
सिर्फ हमारा ही पूरा जीवन
क्यों इतना अनिर्धारित?

आवाज़

अक्सर कुछ टूटता-सा
सुनाई देता है भीतर
सारा कुछ ठीक से जुड़ा
दीखता है बाहर!
चाहा तो था लोग
बोलते रहे, मै। सुनती रहूँ
ये क्या हुआ?
मेरी ही आवाज़
सिर्फ़ मैं सुनती रहती हूँ।

अनिशा के लिए...

अनिशा तुम दिन के
        प्रकाश सी उजली हो
विस्मय से भरी तुम्हारी
        साँवली आँखों में
ढेरों स्वप्न मैंने पढ़े हैं
        चंचल से तुम्हारे चरण
पता नहीं कितना कुछ
        कर पाने को विकल
तुम्हारी निष्पाप मुस्कान में
        कितना विश्वास मैंने देखा है!

न्यू हेम्शायर की एक भोर

आज अलस्सुबह सूरज को
झील की बाँहों में
डूबा हुआ देखा!
भागता-हाँफता सा
जल्दी-जल्दी वो आया
झील को पूरा का पूरा समेटा
जब समूची झील उसके
अनुराग के रंग में रंग गई
जितनी तेजी से आया था
उतना ही निस्तेज-सा लौट गया
अब झील अलसाई-सी पड़ी है
उन गुनगुने लम्हों की याद लिए!

आदतें

कुछ ख़रीद कर पढ़ना
यूँ तो मेरी आदत में
शामिल ही नहीं था।
पुस्तकालयों से ली किताबों से
उम्र भर पढ़ाई की।
अब जब उम्र के
इस मोड़ पर जीवन में
कुछ सुविधाएँ आई हैं
अपनी विलसिता के लिए
किताबें खरीदने का सिलसिला
शुरू किया।
स्थिति ये है कि खरीदती हूँ मैं
पढ़ते हैं लोग।
ली हुई किताबें लौटाना
शायद लोगों की आदत में
शामिल नहीं है!

बॉस्टन जाते समय विमान से लिखी कविता!

न्यू हेम्शायर की एक रात

आकाश से झरता
तारों के आलोक का झरना
ज़मीन पर फैल
जुगनुओं का टिमटिमाता प्रकाश
अनुपम रहस्यमय वातावरण
रचना-सा गया मेरे आस-पास
साम्राज्ञी-सा ये मन
जुगनुओं के किरीट से
जगमगा उठा!
झींगुर मेरे लिए
गीत गाने लगे
हवाएँ लोरी सुनाने लगीं।
ऐसे में मन
उनीन्दा हो आया!

रखरखाव

मैं तुम्हें कीमती
सामान सी मिल गई थी!
पहले तो तुम
सोच ही नहीं पाते थे
कहाँ रखो तो
घर सज उठेगा
धीरे-धीरे और चीज़ों की तरह
कद्र कम होती गई
मेरी, तुम्हारी नज़रों में
सामान तो आखिर
सामान ही होता है न?
अगली बार कुछ लेने से पहले
सोचना, रखरखाव कर सकोगे या नहीं?

प्रभु के नाम!

देखो तो, जीवन-सागर का
मैंने मन्थन कर डाला
पूरा का पूरा!
तुम्हारे स्नेह-जल से
अपना अमृत कलश
लबालब भर डाला!
मन्थन में और भी
कई रत्न मेरे हाथ लगे
उन सबसे मेरी झोली
भरने लगी!
तलछट में ढेर से
बोझिल पल भी मिले
उनका बोझ पत्थर-सा भारी था
उन सबसे मैंने अपना
विष घट भर लिया।
उनको उठाने और पीने की
शक्ति मुझे शिव से मिली
न हुआ मेरा नाम
शिव या शिवानी न सही
वैसे भी नामों से फ़र्क कहाँ पड़ता है?

कटे-फटे रिश्ते

किसी-किसी रिश्ते के
दरम्यान संचार के
सारे तार कटे होते हैं
फिर भी पता नहीं कैसे
उनके जुड़ने की सम्भावना
पाले रहते हैं लोग
एक तार शायद तब भी
जुड़ा होता होगा बीच में
उमीद का तार!

छिपा हुआ सोता

एक टेढ़ी-मेड़ी लकड़ी लेकर
निकल ड़ी थी मैं
तुम्हारी मन के उन प्रान्तों को
परखने के ख़याल से
जहाँ अब भी प्यार के मीठे
सोते की सम्भावना होगी।
फिर एक नई सोच जन्मी
सारी खुदाई के बाद
अगर सब जगह
सूखा ही पाया
जब क्या करूँगी?
ये अनिश्चितता मुझे
दिक्भ्रान्त कर रही है
तुम्हीं कहो, मैं क्या करूँ?

(जिन प्रान्तों में सूखा पड़ता था, गाँवों के समझदार वृद्ध ज़मीन के भीतर टेढ़ी-मेड़ी लकड़ी के जरिए नमी की परख कर वहाँ कुएँ खुदवाते थे)

झीलों के शहर मिनेसोटा से लौटते हुए...

पलों के छोटे-छोटे गुब्बारे
मन के गगन पर उड़ा करते हैं पंछियों से
कब वो काल के ढेर से वर्षो से
उड़ कर वर्तमान के किसी पल से
आ मिलें, कुछ पता नहीं।

छुट्टियों के आनन्द से अभिभूत
मन अचनाक अपने बचपन में जा पहुँचा
एक छोटे से तालाब से
कमल और सिंघाड़े तोड़ने की स्मृति
खीच ले गई, बचपन के रंगीन पलों तक।

तब उन सिंघाड़ों का स्वाद
ज़ुबान पर ताज़ा हो आया।
सरोवर से तोड़े उन कमलों की
सुगन्ध हवा के साथ नथुनों में महसूस की।
वर्तमान अतीत में बह गया।

नॉरमन डेल झील के शहर में...

दस हज़ार झील के प्रदेश मिनेसोटा!
तुझे शत-शत पुष्पांजलि
देखो तो, यहाँ हर ओर
पानी ही पानी है।
फिर तुझमें ऐसी क्या ख़ासियत
जो मेरी कविता की कल्पना बन बैठी
जैसे परिन्दे प्यास लगने पर
पानी की तलाश करते हैं
मैंने भी कविता की तलब में
तुझे ढूँढ निकाला!
यूँ तो तू चुपचाप
कोने में पड़ी थी
शहर के 'गाइड' ने
तेरा नाम तक बताया नहीं
होटल की ऊँचाई से
नीचे जब उतरी मैं
अकारण भटकने का
ख़याल ही था मन में
चलते-चलते जब तुझे
कोने में विश्राम लेते देखा
लगा, तू भी तेरी तरह
भटकते-भटकते थक कर
इस निर्जन प्रदेश में

दो घड़ी विश्रांति को आ लेटी है।
तुझमें पाया है मैंने
तलाश की उपलब्धि का परितोष
इसी से साधारण सी
दीखने वाली नॉरमनडेल झील
तू मुझे इस कदर भा गई!

जन्म कविता का...

कभी कविता आँख मिचौनी
      खेलती है मुझसे!
आज मैंने उसके सृजन के
      सारे जतन कर डाले!
सब काम-काज ठप्प करके
      कागज़-क़लम लिए आ बैठी
आस-पास बड़ी देर तक
      निहारती भी रही!
कमरे के पर्दे खोल दिए
      बाहर की ठण्डी हवा भी आने लगी।
दूर के पेड़ आसमान की साड़ी में
      हरे बॉर्डर भी सजा गए
कविता फिर भी मुझे
      ठेंगा दिखाकर भाग गई!

साधारण से असाधारण

कई बार तुमने मुझे
बताया है कि मुझमें
हज़ारों खूबियाँ है
जिसकी वजह से
तुम मुझे प्यार करते हो!

हर बार मैंने, तुम्हारी
उस बात पर ईमानदारी से
गहरे उतर कर सोचा है!

मेरा ख़याल है
कोई ख़ास बात मुझमें नहीं
ख़ासियत उस प्यार में है
जो तुमने मुझसे किया है
वही साधारण को
असाधारण बना गया है।

गंगा और मिसिसिपी

बचपन में सुना था
गंगा में नहाने से
सारे पाप धुल जाते हैं!

बात की सच्चाई जानने
के ख़याल से उसी कच्ची उम्र में
गुड़ की भेली रसोई से चुरा कर खाई
और गंगा में डुबकी लगाई
सामने माँ को बेंत के
साथ खड़ा पाया!

पाप-शाप तो कुछ न धुला
चोरी की सज़ा में अच्छी धुलाई हुई!

आज गंगा तो आस-पास नहीं है
पाप धोने का बचकाना ख़याल भी
अब दिमाग में नहीं है
इस देश की गंगा,
मिसिसिपी के तट पर
अपने हाथ-पाँव धोए हैं।

पापों का तो पता नहीं
मन ज़रूर धुल गया लगता है!

काल की सीमा रेखा

मन के अन्तरिक्ष में
पल बुलबुलों से
तैरते होते हैं।
कभी कोई क्षण
काल की सीमा रेखा
लाँघ कर इस पार
आ पहुँचता है
तो कभी उस पार!
इन्हीं के साथ
मेरे सपने भी
इधर-उधर तिरा करते हैं।
उन्हीं में तुम
घुले-मिले होते हो!
डरती हूँ कहीं—
बुलबुले फूट न जाएँ
पल टूटे न जाएँ!

कोई और तुम

तो कोई और तुम थे
      जिसके वाक् दंश ने मेरे
अस्तित्व को निष्प्राण कर दिया!
ज़रूर वो कोई और तुम हो
      जिसने अपनी संजीवनी वाणी से
मुर्दे में जान फूँक दी!
या फिर तुम काठ की रूसी गुड़िया से हो
      जिसमें एक के अन्दर एक
            अनेक "तुम" छिपे हुए हैं!
कभी तो भी लगा है
तुम्हारी ताकत प्रभु से भी ज्यादा है
सृष्टा तो एक देह का एक बार
सृजन और एक बार संहार करता है।

तुम तो रोज़-रोज़
अपनी जादुई लकड़ी से
इस जमूरे को कभी
मौत की नींद सुलाते हो
कभी पुर्नजीवित कर देते हो!

चुनाव

आराध्य!
क्या कभी तुमने उन
उपासकों के बारे में सोचा है
जो तुम्हें इस कदर
प्यार करते हैं
वो वही करना चाहते हैं
जो तुम्हें प्रसन्न करे।
मुश्किल उनकी सिर्फ इतनी है
वो नहीं जानते
तुम्हें क्या प्रसन्न करेगा
तुम कैसे आराध्य हो
जो अपने प्रार्थी को
समझाते नहीं
बताते नहीं
दिखाते नहीं
वो राह कौन सी है?
जिस पर उसे चलना है।

उजाले

इन दिनों मन के जंगलों में
कविता के जुगनू
टिमटिमाया करते हैं।
कभी अन्धेरे इतने घने
होते कि हाथ को हाथ न सूझे
अब ढेरों उजले रास्ते
मद्धम रोशनी में
जगमगाया करते हैं!
यूँ भी लगा है कभी
जैसे जुगनू का भीतरी
प्रकाश बाहर दीख पड़ता है
हमारा क्यों नज़र नहीं आता?

इक्कीसवीं सदी का युद्ध

ये युद्ध का कौन सा
  नया अध्याय है
जहाँ युद्ध की कोई
  भूमि नियत नहीं है।
विरोधी पक्ष के सैनिक
  आमने-सामने खड़े
    वार भी नहीं करते!
कायरों की तरह
  छिप-छिप कर
    नृशंष हत्या आज की
      कौम को नहीं सोहता
जिन्हें लड़ाई लड़ने का
  कोई शौक नहीं है
    उनके कटे अंग-प्रत्यंग
      चीख-चीख कर कहते हैं
सभ्यता अधः पतन
  के गर्त में जा पहुँची है
    उसी गर्त से एक-एक
      कायर को खदेड़ कर
        मौत के घाट उतारना ही
          समयोचित न्याय होगा!

(11 सितम्बर को अमरीका पर हुए आतंकवादी हमले से प्रेरित कविता)

निश्तों की पंगडंडियाँ

अपने आस-पास फैले
ये सारे रिश्ते
कच्चे रास्ते से
बनी पगडंडियों पर ही
उगा करते हैं।
चाहे मेरा-तुम्हारा सम्बन्ध हो
अथवा मेरे नन्हों का या मित्र-बन्धुओं का!
इनको उगाने के लिए
मिट्टी-खाद-पानी
कितना कुछ देना होता है।
यदि उन्हें घरौंदो में
बसाना हो तो
स्नेह की पक्की सीमेंट
डालनी होती है।
तभी उन पर रिश्तों के
सदाबहार फूल खिलते है
या फिर पक्के घर बनते हैं!

चाबी वाली गुड़िया

पहले उसे जब देखा था
चाबी वाली गुड़िया सी लगी थी।
लोगों ने हँसाया वो हँस दी।
लोगों ने रुलाया वो रो दी
वर्षों मेरी उससे मुलाक़ात नहीं हुई
सुनने में आया
वो बिगड़ गई है
उसे सुधारना ज़रूरी है
मैंने देखा– और कुछ नहीं हुआ था
खाली उसने चाबी से चलना
बन्द कर दिया था।
अपनी मर्जी से चलना
शुरू कर दिया था।
भीतर का भय
रिस गया था!

अनुभव

कभी-कभी ऐसा भी देखा है
        देर तक जीवन में
उपलब्धियों के नाम
        कुछ हासिल नहीं होता!
सिर्फ वक़्त की व्यर्थतता का
        अहसास हाथ लगता है।
तब क्यों ये ख़याल नहीं आता
        और चाहे कुछ न हुआ हो
जीवन को पास से देखने का
        अनुभव तो हुआ है।
यही तो सीढ़ी है
        जिन्दगी को पकड़ पाने की!

'फुलझड़ी'

अब ये मन क्यों
    बुझा-बुझा सा रहता है?
सारा दिन दिल
भरा-भरा सा रहता है।
चलो, तुम्हारी यादों का ईधन जुटाऊँ
इस आतिश से मन को बहलाऊँ
    इनमें फुलझड़ी-सी चटचटाहट थी
एक झौंका-सा यादों का आया
    दीवाली की दीपमाला-सा
लौ को कभी बढ़ा गया
    तो कभी घटा गया!

जन्म

ये जन्म तुम्हारा है!
इसे तुम जैसे चाहो जियो
चाहो तो पलों के सुन्दर फूलों को
जीवन के धागे में पिरो डालो।
उन फूलों की सुगन्ध से
तन-मन और आत्मा को सुवासित करो।
चाहो तो कल्पना के सोनपंखी रंगों से
आकाशी मन पर खूबसूरत चित्र बनाओ!

या फिर कड़वे-कसैले पलों के स्वाद से
देर तक अपना ज़ायका बिगाड़ो
आए दिन मन में लगी चोटों से
अपनी आत्मा को क्षत-विक्षत होने दो
इनमें से कुछ चुनने को ही थी
देखा जीवन की मुट्ठी से पल रेत से
फिसलते जा रहे थे!

आहत पल

मैंने देखा—
    मेरे नन्हें-नन्हें पलों को
    आसपास फैला माहौल
    अपने भारी-भारी जूतों से
    कुचलता जाता था!
पलों के आहत चेहरों में—
    उनकी व्यथा
    उनका उलाहना
    उनका रोष
    उनकी खीझ
    मैंने पढ़ी!
मुझे लगा—
    ये पल मेरे थे
    इनके साथ नाइन्साफी हुई है।
    मैंने उनसे क्षमा माँगी!
फिर तय किया—
    अब आने वाले पलों के साथ
    मुहब्बत से पेश आऊँगी
    उन्हें खूब दुलार दूँगी
    उन्हें आहत होने से बचाऊँगी
    अब पलों से मेरी दोस्ती हो गई है!

❑❑❑